CATALOGUE

D'ESTAMPES ANCIENNES

ET DU XVIII° SIÈCLE

LITHOGRAPHIES
PAR GAVARNI

EAUX-FORTES MODERNES

DESSINS

DONT LA VENTE AUX ENCHÈRES PUBLIQUES AURA LIEU

HOTEL DROUOT, SALLE N° 7
Les 29 et 30 Avril 1875
A DEUX HEURES

Mᵉ DELBERGUE-CORMONT,
COMMISSAIRE-PRISEUR,
Rue de Provence, 8.

M. CLEMENT,
Marchand d'Estampes de la Bibliothèque nationale,
EXPERT,
Rue des Saints-Pères, 3.

EXPOSITION PUBLIQUE, le 28 Avril 1875,
DE DEUX HEURES A CINQ HEURES

PARIS — 1875

CONDITIONS DE LA VENTE

Elle sera faite expressément au comptant.

Les acquéreurs payeront cinq pour cent en sus du prix d'adjudication.

ORDRE DES VACATIONS

Le Jeudi 29 Avril .... n° 1 à 209

Le Vendredi 30 Avril .... n° 210 à la fin.

Et les Estampes en lots.

DESSINS

1 **Anonyme italien.** Arabesque; dans les rinceaux de
deux cartouches sont des figures nues et entrelacées
d'hommes et de femmes. Beau dessin à la plume, lavé de
bistre.

2 **Both** (A.). Paysage animé de figures. A la plume, signé.

3 **Bardin.** Une Bacchante et deux Amours. Joli dessin à
l'encre de Chine, rehaussé de blanc. Signé.

4 **Baroccio** (F.). Une foule de personnages agenouillés.
Beau dessin aux trois crayons.

5 **Carrache** (L.). Nymphe, Amours et Tritons. Dessin
pour une table. A la plume, lavé d'encre de Chine.

6 **Dyck** (Ant. Van). Première pensée pour une Descente
de croix. Dessin à la plume, au recto et au verso. Collection Desperet.

7 **Elzheimer** (Adam). Moïse sauvé des eaux. A la plume,
lavé de bistre. Collection Van-Os.

8 **Jordaens** (J.). Le Concert. Aquarelle et gouache. Collection Arago.

9 — Rébecca. Étude pour son tableau : la Bénédiction de
Jacob. Dessin aux trois crayons. Signé.

10 **Lepicié.** Études d'enfants. Deux dessins aux trois crayons.

11 **Murillo** (B. Esteban). Moine montrant à une grande foule de peuple une hostie miraculeuse. Grand et beau dessin à la plume, lavé d'encre de Chine et de bistre, rehaussé de blanc. Collection Woodburn.

12 **Ostade** (A. Van). Un Buveur debout. Aquarelle. Collection Dreux.

13 **Parmesan** (F. Mazuoli, dit le). Étude de femme représentant la Force. A la plume. Collections T. Laurence et Dreux.

14 **Prud'hon** (P. P.). Paysage avec figure. Dessin au crayon noir sur papier bleu.

15 **Quast** (Peter). Jésus-Christ mené devant Caïphe. A la mine de plomb. Signé et daté. Collection de sir J. Reynolds.

16 — Bacchanale. Beau dessin à la mine de plomb. Signé et daté.

17 **Rosso.** Vision d'un roi endormi. A la plume, lavé de bistre.

18 **Rottenhamer.** L'Enlèvement des Sabines. Dessin de forme ronde à la plume et à l'encre de Chine, rehaussé de blanc.

19 **Saint-Aubin** (A). La Lecture. Très-joli dessin au crayon rouge.

20 **Sigalon.** Sainte Famille. Plume et crayon. Signé.

21 **Udine** (G.). Étude d'ornements. Beau dessin à la plume, lavé de bistre.

22 — Le Christ au Jardin des Oliviers. Beau dessin à la plume et au bistre, légèrement lavé d'aquarelle. Collection Galeozzi.

ESTAMPES

23 **Alberti** (Cherubino). Henri IV, roi de France, en buste, vu presque de face, dans un cartouche d'ornements entouré de figures (B. 124). Très-belle épreuve.

24 **Angeli** (Jean-Baptiste), surnommé Torbido del Maro. Le Tombeau d'un évêque (B. 13). Très-belle épreuve.

25 **Anonyme** (d'après Van-Dick). Bosschaert (Thomas Willeborts) (W. 1). Superbe épreuve avec marge. Collection de Lasalle.

26 **Anonymes**. Le Bosquet. Épreuve avant toutes lettres. Rare.

27 — Mœurs du XIXe siècle. Une Héure avant le concert, ou les Musiciens à la mode. Pièce coloriée.

28 — Grande armée du ci-devant prince de Condé. Grande pièce coloriée.

29 **Barbiere** (Dominique del). Assemblée d'hommes et de femmes assis séparément, chacun près d'une table particulière (B. 6). Très-belle épreuve.

30 **Bartsch** (Adam). Copies faites d'après des estampes très-rares de différents maîtres, décrites dans le premier volume du *Peintre-graveur*, par Adam Bartsch. Seize pièces.

31 **Baudoin** (d'après). Le Curieux, gravé par Maleuvre. Très-belle épreuve avec marge.

32 **Baudoin** (d'après). La Soirée des Tuileries, gravé par Simonnet. Superbe et très-rare épreuve avant toutes lettres, avec marge.

33 — La même estampe. Belle épreuve.

34 — Le Coucher de la mariée, gravé par Moreau et Simonnet. Très-belle épreuve.

35 — Le Matin. — Le Soir. — La Nuit. Trois pièces. Superbes épreuves avant toutes lettres.

36 — Annette et Lubin, gravé par Ponce. Très-belle épreuve.

37 — L'Indiscret, Estampe gravée à la manière noire.

38 — Qu'est-là ? — J'i vais. Deux pièces gravées en couleur par S. Marin. Superbes épreuves.

39 — Le Désir amoureux, gravé en couleur par Mixelle. Superbe et très-rare épreuve du premier état avant le changement du groupe dans les nuages, vers la gauche.

40 **Beham** (H. S.). L'Enfant prodigue dissipe son bien (B. 32). Très-belle épreuve.

41 **Bella** (Stephanus della). Vue et perspective du Pont-Neuf de Paris (J. 112). Superbe épreuve du premier état, avant la girouette placée sur le clocher de Saint-Germain-l'Auxerrois.

42 **Berghem et de Bry.** Paysages avec animaux, gravés par Danckerts, etc. Quatre pièces.

43 **Bloemen** (J. F. Van). Paysage. — Saint Bernard enchaînant le Diable, par Bartholus. Deux pièces.

44 **Bloemaert** (Corneille). La sainte Famille, d'après Annibal Carrache. Superbe épreuve avant l'adresse de J. Jacobu de Rubeis, à la suite du mot Lecentio. Elle porte au recto la signature de P. Mariette 1693; provient du cabinet Burduge.

45 **Blotelingh** (Abraham). François Miéris, d'après lui-même, gravé à la manière noire. Superbe épreuve.

46 **Boilly**. L'Amitié filiale, gravé par G. Texier. Très-belle épreuve.

47 **Boissart** (Robert). La Prière du soir. Très-jolie pièce avec marge.

48 **Boissieu** (J. J. de). Son portrait, tenant une estampe à la main.

49 — Vue d'Aquapendente, sur la route de Sienne à Rome. Superbe épreuve.

50 **Bonasone** (J.). La Naissance de saint Jean-Baptiste (B. 76). Très-belle épreuve.

51 **Bonnet**. Jupiter couvre la terre de nuages pour jouir d'Io. Pièce gravée en couleur d'après Huet. Superbe et rare épreuve avant les draperies.

52 — La même estampe. Très-belle épreuve.

53 — Vénus donnant ses ordres à l'Amour. — Les Amours rendant hommage à Vénus. Deux pièces gravées en couleur d'après Huet. Superbes épreuves.

54 — La Promenade. Jolie pièce gravée au crayon rouge.

55 **Borel** (d'après). La Morale inutile, gravé par Voysard. Très-belle épreuve.

56 **Both** (Jean). Le Chariot attelé de bœufs (B. 2). — Le Pon de bois (B. 10). Deux pièces.

57 **Boucher** (d'après). Les Amours pastorales, par Duflos. Très-belle épreuve.

58 — Seconde Vue des environs de Charenton, par Le Bas. — Quos Ego, gravé par Tillard. Deux pièces.

59 — Le Rafraîchissement des voyageurs, par Daullé. — L'Amour instruit par Mercure, par F. Basan. Deux pièces. Très-belles épreuves.

60 — Le Berger endormi. — La Bergère endormie. — La Lessiveuse. — La Jardinière. Quatre pièces au crayon rouge par Demarteau.

61 **Boucher** (d'après). Têtes de femmes aux trois crayons, par Demarteau. Deux piècces.

62 — Femmes au bois. Très-jolie pièce imprimée sur papier teinté.

63 — Le Puits. — Les Plaisirs de l'Ile enchantée, etc. Trois pièces.

64 **Brebiette** (Pierre). Buste d'Ovide dans un encadrement ornementé.

65 **Brunn.** Bacchanale d'enfants, d'après Van-Dyck. — Lion dévorant un homme par Châlle. Deux pièces.

66 **Callot** (Jacques). Les grandes misères de la guerre (M. 564-581). Suite de 18 pièces. Très-belles épreuves avant que les mots « Israël excudit » aient été effacés, avec grandes marges.

67 — Les Supplices. — L'Enfant prodigue à table. Deux pièces.

68 **Canaletti** (A,). Vues des environs de Venise. Trois pièces.

69 **Canot** (d'après). Le Maître de danse. — Le souhait de la bonne année au grand-papa. Deux pièces gravées par Le Bas. Très-belles épreuves.

70 **Caricatures.** Musée grotesque. Quatre pièces.

71 — Le Bon genre. Quatre pièces.

72 — Caricatures parisiennes. Douze pièces.

73 — Le Déjeuner du dimanche. — Un Anglais. — L'Original, etc., etc. Treize pièces.

74 — L'Amateur de tableaux. — Avant et Après. — Le Repas du politique, etc., etc. Quinze pièces.

75 — Les Boxeuses françaises. — La Promenade du Marais. — La Russe, ou les Alliés à Paris, etc., etc. Dix-huit pièces.

76 — Scènes anglaises dessinées à Londres. Suite de quatre pièces.

77 — Caricatures politiques. Onze pièces.

78 — Caricatures politiques. Six pièces.

79 — Les Grâces françaises. — Les Étrennes de tout le monde, an 1809. — Promenade de jeunes demoiselles. — Sortie du Salon. Quatre pièces.

80 — Caricatures sur les Alliés à Paris, et autres. Quatorze pièces.

81 — Caricatures sur Cambacérès. Cinq pièces.

82 — La Réunion politique, ou la Lecture du journal. — L'Entrée d'une partie des Alliés à Paris. Deux pièces.

83 **Challe** (d'après). The officious Waiting Woman, gravé en couleur par Chaponnier. Très-belle épreuve.

84 **Challiou** (Chez). L'Amant pressant. — Le Moment dangereux. Deux pièces imprimées en bistre. Très-belles épreuves avec marges.

85 **Chereau** (F.). Portrait de Boileau, d'après Rigaud. Belle épreuve.

86 **Chevillet.** La Dévideuse, d'après Peters. Très-belle épreuve avant la lettre.

87 **Couché.** L'Amour volage. — L'Amour quêteur. Deux pièces. Très-belles épreuves.

88 **Davesne** (d'après). L'Amant regretté, gravé par Voyez le jeune. Superbe épreuve avant toutes lettres.

89 — La même estampe. Très-belle épreuve.

90 **Debucourt** (P.-L.). Le Compliment, ou la Matinée du jour de l'an. — Les Bouquets, ou la Fête de la grand-maman. Deux pièces gravées en couleur. Très-belles épreuves.

91 — La Marchande de coco, gravure en couleur d'après Vernet.

92 — Costumes polonais, d'après Norblin. Trois pièces.

93 **Demarteau.** Bustes de femmes. Trois pièces gravées en couleur, d'après Huet. Très-belles épreuves.

94 — Vénus et l'Amour, d'après Huet. Jolie pièce aux trois crayons.

95 **Desrais** (d'après C.-L.). Promenade du boulevard Italien, ou Petit-Coblentz, gravé par Voysard. Épreuve coloriée.

96 — Le Bal masqué. — Le Serment à la mode. Deux pièces gravées par Berthet. Très-belles épreuves.

97 **Divers.** Études de têtes, Paysages et autres sujets. Huit pièces.

98 — Paysages d'après Van der Meulen. — Sujets par J. Van de Velde et autres. Sept pièces.

99 — Vignettes par Eisen, Gravelot, de Longueil, Marillier et autres. Vingt-sept pièces.

100 — Les Amusements du jeune âge, par Debucourt. — Portrait de madame Le Brun, d'après elle-même, etc. Cinq pièces.

101 — Vignettes et fleurons par Eisen, de Longueil, Marillier, Gravelot et autres. Trente-deux pièces.

102 — Les Fantaisies, par Callot. — Paysages et autres sujets. Quarante-cinq pièces.

103 **Dujardin** (K.). Paysages. Deux pièces; plus deux autres pièces par Flamen et della Bella. Quatre pièces.

104 **Durer** (d'après). La Vie de la Vierge. Photographies et gravures par Marc-Antoine Raimondo. Vingt-trois pièces.

105 **Eisen** (d'après). La Folie du siècle, par Mme Dupuis. Belle épreuve.

106 **Ficquet** (Étienne). La Fontaine (Jean de), de l'Académie française, d'après Rigaud. Très-belle épreuve au ruisseau blanc.

107 — Portrait de Van der Meulen, peintre. Superbe épreuve avant toutes lettres.

108 **Fischbach.** 1819. Moutons et Béliers. Deux pièces gravées à l'eau-forte.

109 **Fortier.** Le Café politique.

110 **Fragonard** (d'après H.). Les Hasards heureux de l'escarpolettes, gravé par N. de Launay. Superbe et rare épreuve avec la faute au mot escarpolette.

111 — Annette à l'âge de quinze ans. — Annette à l'âge de vingt ans. — Le Serpent sous les fleurs. Trois pièces gravées par Godefroy.

112 **Freudeberg** (d'après). La Promenade du matin, gravé par Lingée. Très-belle épreuve avant le numéro et avec toute sa marge.

113 — Le Coucher, par Duclos et Bosse. Très-belle épreuve avant le numéro.

114 — Le Lever, gravé par Romanet. Superbe épreuve avec la tablette blanche.

115 — Le Boudoir, gravé par Maleure. Superbe épreuve avec la tablette blanche.

116 — L'Occupation, gravé par Lingée. Superbe épreuve avec la tablette blanche.

117 — La Tasse de chocolat. Superbe et très-rare épreuve avant toutes lettres.

118 — La Visite inattendue, par Voyez l'aîné. Très-belle épreuve.

119 — Le Gage de la fidélité, gravé par Voyez le jeune et Mercier. Superbe épreuve avant toutes lettres.

120 — Le Petit jour, par N. Delaunay. Bonne épreuve.

121 **Frey** (J. de). Jacob béni par Isaac, d'après Koningh. Superbe épreuve avant toutes lettres.

122 **Ghisi** (Georges). Jésus-Christ célébrant la cène avec ses apôtres, d'après Lambert Lombart (B. 6). Très-belle épreuve.

123 — Les plafonds en hauteur, peints par le Primatice, dans des formes cintrées par le haut et par le bas, et carrées aux deux côtés. Suite de quatre estampes (B. 36-39). Superbes épreuves.

124 **Gonzalès** (d'après). Les Prémices de l'amour-propre, gravé par Macret. Très-jolie pièce; superbe épreuve avant la lettre.

125 **Goudt** (H.). Cérès cherchant sa fille, d'après Elzheimer. Bonne épreuve.

126 **Greuze** (d'après). La Fille confuse, gravé par Ingouf. Très-belle épreuve avant la dédicace.

127 — Le Repentir, gravé par Moite. Très-belle épreuve.

128 **Hondius.** Franck François, d'après Van-Dyck (W. 11). Superbe épreuve du deuxième état, avec une seule ligne de titre, l'adresse de Martin Van, den Enden et le nom de P. de Iode, au-dessous du nom de Van Dyck.

129 **Huet** (d'après J.-B.). L'Amant pressant. — La Déclaration. Deux pièces gravées en couleur par A. Legrand. Très-belles épreuves.

130 — L'Amour couronné et l'Amour désarmé. Deux pièces gravées en couleur, par Chaponnier.

131 — Jeux d'enfants. Trois pièces gravées en couleur, par Bonnet, Demarteau et Legrand.

132 **Imbert** (d'après). Le Bilboquet. Très-jolie pièce gravée en couleur, par mademoiselle Papavoine. Très-belle épreuve.

133 **Janinet.** La Réunion des plaisirs, pièce gravée en couleur d'après Leclerc.

134 **Jeaurat** (d'après). La Sçavante. — Les Caresses réciproques. — Paysanne des environs de Ferrare, d'après Boucher. Trois pièces.

135 **Iode** (P. de). Nole (André Colyns de), d'après Van-Dyck (W. 8). Superbe épreuve du premier état, avant le nom du graveur; elle porte au verso la signature de P. Mariette, 1671.

136 **Joullain.** George Dandin, acte 3, scène dernière. — Les Femmes sçavantes, acte 3, scène 2. Deux pièces d'après Coypel. Très-belles épreuves avec marge.

137 **Klauber** (I. S.). Allegrain (Christophe-Gabriel), sculpteur du roi, d'après Duplessis. Très-belle épreuve.

138 **Kobell** (F.). Jeux d'enfants. 3 pièces.

139 **La Hire** (Laurent de). Saint Paul (R. D. 15). Epreuve d'un premier état non décrit, avant toutes lettres.

140 **Lancret** (d'après). A femme avare, galant escroc, gravé par Schmidt. Très-rare épreuve avec le nom du graveur, qui, plus tard, a été remplacé par celui de N. de Larmessin.

141 — Le Printemps, par de Larmessin. Belle épreuve.

142 — Les quatre Ages de la Vie, par N. de Larmessin, suite de quatre estampes. Très-belles épreuves.

143 **Laverince** (d'après). La Consolation de l'absence, gravé par N. de Launay. Très-belle épreuve.

144 — L'Heureux moment, par N. de Launay. Superbe épreuve avec toute sa marge.

145 — Le Billet doux, gravé par N. de Launay. Très-belle épreuve.

146 — La Leçon interrompue, gravé par Vidal. Très-belle épreuve.

147 — Ecole de danse, gravé par Dequevauviller. Très-belle épreuve.

148 **Le Beau.** Conventions de mariage d'un vieux intéressé avec une fausse modeste. — Le Mari trompé. Deux pièces. Très-belles épreuves avec marge.

149 **Le Brun** (d'après). Le Divertissement de la nuit, gravé par Dambrun. Très-belle épreuve.

150 **Le Peintre** (d'après). La Tricherie reconnue, gravé par De Monchy. Très-belle épreuve.

151 **Le Prince** (d'après J.-B.) L'Amour des fleurs et l'Amour du travail. Deux pièces en hauteur, gravées par Chevillet. Superbes et rares épreuves avant la lettre.

152 **Lombart** (P.). Les Comtes et Comtesses, d'après Van Dyck. Suite de douze estampes dont nous n'avons que dix. Très-belles épreuves.

153 **Martinet** (F.-N.). Le Jardinier galant. — La Jardinière complaisante. Deux pièces. Très-belles épreuves avec marge.

154 **Masson** (Antoine). Harcourt (Henri de Lorraine, comte d'); grand écuyer de France, dit le Cadet à la perle (R. D. 34). Superbe épreuve du premier état, avant le chiffre 4 dans le haut de la marge, à gauche.

155 **Mauperché** (H.). Paysages. Trois pièces.

156 **Montcornet** (Excudit). Louis XIII et Anne d'Autriche. Deux petits portraits en buste, dans un entourage d'ornements. Très-belles épreuves.

157 **Moreau** (J.-M. d'après). Le Lever, par Halbou. — Les Adieux, par Delaunay. Deux pièces. Belles épreuves.

158 — Vignettes pour Rousseau. Deux pièces.

159 — Vue de la plaine des Sablons, gravée par Malbeste, Liénard et Née.

160 **Moreau et Frendeberg**. Suite d'estampes pour servir
d'histoire du costume au XVIII° siècle. Dix-sept pièces des
réductions. Rares.

161 **Nanteuil** (Robert). Chapelain (Jean). Membre de l'Académie française (R. D. 60). Très-belle épreuve du premier état.

162 — Loret (Jean). Poète (R. D. 150). Belle épreuve.

163 — Marolles (Michel de). Abbé de Villeloing, homme de
lettres et grand curieux d'estampes (R. D. 171). Très-belle
épreuve du premier état.

164 **Ostade** (A. Van). Le Rémouleur (B. 36). Première
épreuve avec le trait carré légèrement exprimé et avant
le travail à la pointe sèche, produisant l'effet de la manière
noire, notamment sur un des rais de la roue. Collection
Dreux.

165 — Le Trictrac (B. 39). Très-belle épreuve.

166 — Le Charlatan (B. 43). Bonne épreuve.

167 **Paroy** (le comte de). Intérieur d'une caverne de bri-
gands. Grande pièce en largeur, gravée en couleur d'après
Le Prince. Superbe épreuve avant la lettre. Rare.

168 **Paterre** (d'après). Pyramide d'ailes et de cuisses de
poulets, élevée sur l'assiette du Destin par madame Bou-
villon, par Lépicié.

169 **Pompadour** (la marquise de). Suite d'estampes gravées
par madame la marquise de Pompadour, d'après les
pierres gravées de Guay, graveur du roi. Exemplaire
renfermant cinquante planches, plus deux autres compo-
sitions d'après Boucher. Très-rare volume avec le texte
original et manuscrit de l'abbé de Voisenon. Il existe un
autre exemplaire également avec le texte manuscrit, mais
le nôtre est plutôt le brouillon de l'autre qui a été mis

au net d'après notre exemplaire. Les épreuves sont superbes et quelques-unes sont avant les numéros. On y a joint une note très-détaillée des deux volumes.

170 **Pontuis** (Paul). Saint Roch intercédant pour les pestiférés, d'après Rubens. Superbe épreuve.

171 — Gustave-Adolphe, roi de Suède, d'après Van Dyck. Très-belle épreuve.

172 **Prud'hon** (d'après). La Grotte, par Royer. Épreuve avant la lettre.

173 **Queverdo** (d'après). Le Repos, par Dambrun.

174 — Alexis et Jeannette, gravé par Ponce. Très-belle épreuve.

175 **Rembrandt** (P. Van Rhyn). Abraham France (B. 273). Ancienne épreuve.

176 — Lutma (Jean). (B. 276). Bonne épreuve.

177 **Reynolds** (d'après J.). Portraits de miss Bingham et de la comtesse Spencer. Deux pièces gravées en couleur par Le Grand et Bartolozzi. Très-belles épreuves.

178 — Portrait du lieutenant-colonel Tarleton, gravé par Smith. Très-belle épreuve.

179 **Ribera** (Joseph). Saint Jérôme (B. 4). Superbe épreuve.

180 **Rivalz** (A.). Suite de quatre vignettes ornant le traité sur la peinture de Pierre du Puy du Grez. Avocat, imprimé à Toulouse en 1699 (R. D. 1 à 4). Très-belles épreuves.

181 **Sadeler.** La Vierge, l'Enfant Jésus et saint Jean. — Vénus et l'Amour par Amiconi, etc. Quatre pièces.

182 **Saenredan** (J.). Des Amants et leurs Maîtresses implorant l'assistance de Vénus, d'après H. Goltzius. Très-belle épreuve.

183 **Saint-Aubin** (A. de). Molé de la Comédie-Française, d'après Aubry. Très-belle épreuve avec marge.

184 **Saint-Aubin** (d'après A. de). Le Réfractaire amoureux, gravé par Voyez le jeune. Très-belle épreuve avant toutes lettres.

185 **Savart** (Pierre). Portrait de Bayle. Superbe épreuve avant la lettre.

186 **Schenau** (d'après). L'Écureuil content, gravé par Gaillard. Très-belle épreuve.

187 **Schenck.** L'Automne.

188 **Schuppen** (P. Van). Messire G. N. de la Reynie, conseiller du roi, d'après Mignard.

189 — Mazarin (Jules), cardinal, ministre d'État, d'après Mignard. Superbe épreuve.

190 **Smith** (J.-R.). Georges, prince de Galles, d'après Gainsborough. Très-belle épreuve.

191 **Swanwelt** (H. Van). Vues d'Italie. Deux pièces.

192 **Taraval** (J.-G.). Dibutade (P. d. B., t. XI, p. 317.) Très-belle épreuve avec marge. Rare.

193 **Trouvain.** Portrait de Mme Le Petit. Superbe épreuve avant la lettre ; elle a de la marge.

194 **Vanloo** (d'après). La Peinture, gravé par Fessard. Belle épreuve.

195 **Vermeulen** (C.). Portrait de Mezzetin, d'après de Troy. Superbe et rare épreuve avant toutes lettres.

196 **Vénitien** (Augustin). La Pièce d'animaux. (B. 414). Très-belle épreuve.

197 **Visscher** (C.). L'Antiquaire, d'après le Corrége. Superbe épreuve du premier état avant les inscriptions.

198 **Visscher** (J.). Bergers gardant leur troupeau, d'après Berghem.

199 **Volpato** (J.). Apollon et Mercure, d'après Cl. Lorrain.

200 **Vorsterman** (L.). La Vierge au Rosaire, d'après Michel-Ange de Caravage. Superbe épreuve.

201 **Vorsterman.** François Silvius Bactens, de l'Académie de Douai, superbe épreuve du premier état, avec la marge blanche. On y voit seulement le monogramme du maître à l'angle gauche inférieur. Collection Camberlyn.

202 — Le connétable de Bourbon, représenté à mi-corps, d'après Titien. Superbe épreuve.

203 — Lucas Van Uden, d'après Van Dyck. Superbe épreuve avec l'adresse de Martin Vanden Enden, avec marge.

204 **Watteau** (d'après A.) Départ des comédiens italiens, en 1697, gravé par L. Jacob. Très-belle épreuve avec marge.

205 — Qu'ay-je fait, assassins maudits, etc. Pièce en largeur, gravée par le comte de Caylus et Joullain. Très-belle épreuve.

206 **Wierix** (Ant.). Portrait de Henri IV à l'âge de quarante ans, coiffé d'un chapeau à bords relevés. Superbe épreuve avec marge; elle porte, au verso, la signature de P. Mariette, 1690.

207 **Wille** (J.-G.) La tante de Gérard Dow, d'après lui-même. Superbe épreuve avant toutes lettres et avant les armes.

208 — La Maîtresse d'école, d'après G. Dow. Très-belle épreuve avant toutes lettres.

209 — Portrait du marquis de Marigny, d'après Tocqué. Très-belle épreuve.

LITHOGRAPHIES

ET

EAUX-FORTES MODERNES

210 **Andrieux [et autres.** Affaire de Châtillon. — Partie du Colisée à Rome, par Zaleski. — Vue du pont Saint-Louis et paysages par Brunet Debaine, etc. Six pièces.

211 **Appian.** Paysages traversés par une rivière. Deux pièces. Epreuves avant la lettre sur papier du Japon.

212 — Chemin des Roches (Environs de Creys). — Paysages. Quatre pièces, dont deux avant la lettre.

213 — Vue du village d'Artimare (Ain). — Souvenir. Deux pièces. Épreuves avant la lettre.

214 — Paysages. Deux pièces dont une sur chine.

215 **Aufray, Balin et Baron.** Vue prise en Hollande. — Tombeau de Marie Stuart à Westminster. — Environs de Lyon. Trois pièces.

216 **Beauvais.** Paysage. — Ruines de la chapelle des Tuileries. Deux pièces avant la lettre.

217 **Bergeret et Blery.** Têtes d'hommes d'après Rembrandt et F. Hol. — Paysage. Trois pièces.

218 **Bonvin.** Jeune garçon mangeant sa soupe. — Nature morte. Deux pièces sur chine.

219 **Bracquemont.** Sarcelles. Epreuve avant la lettre.

220 **Bracquemont.** Le Rendez-vous de chasse. Grande pièce à l'eau-forte.

221 **Brissot.** Bergers et moutons. Deux pièces.

222 **Chalon** (J.). — Etudes de têtes gravées à l'eau-forte. Cinq pièces.

223 **Chasseriau** (T.). Orphée. Très-jolie lithographie.

224 **Charlet.** Costumes militaires et autres. 33 pièces.

225 **Chiffart.** Un Jour de récompense. — Salvator Rosa. — Le Triomphe de la justice. — La Vendange. Quatre pièces dont deux avant la lettre.

226 **Cimier.** Environs de Rome. — Un naufrage. Deux pièces gravées à l'eau-forte.

226 *bis* **Clerget** (H.). Vues de villes et ports de mer. 20 pièces.

227 **Clerget, Grenier et Raffet.** Paysages, sujets champêtre et autres. 18 pièces.

228 **Constantin.** Petit paysage à l'eau-forte.

228 *bis* **Corot.** Paysage. Très-jolie pièce à l'eau-forte.

229 **Daubigny et Diaz.** L'Automne, sujet allégorique. Deux pièces, dont une lithographie.

229 *bis* **David** (Jules). Titres de romance et autres. 41 pièces.

230 **Devéria** (A.). Les Contes de Lafontaine. 24 pièces.

231 **Divers.** Photographies. — Fac-simile de dessins. — Etudes de têtes, sujets de chasse, etc. 36 pièces.

232 **Edwards.** Etudes d'arbres. Epreuve avant la lettre.

233 — The Towbath. Epreuve sur papier japonais.

234 — Vue de Durham. Epreuve sur papier japonais.

235 — Vue d'un moulin.

236 **Flameng** (L.). Deux enfants. Eaux-fortes. Deux pièces.

237 **Fortuny.** L'Arabe mort. Première épreuve avant la lettre; sur chine.

238 **Frère** (E.). Intérieur de chaumière. — L'Infirmerie.
Deux pièces. Epreuves avant la lettre.

239 **Gavarni.** Portrait de la duchesse d'Abrantès (Cat. de
MM. Mahérault et Bocher, n° 1). Epreuve avant toute
lettre.

240 — Portrait d'une jeune fille (5). Très rare.

241 — Portrait de Henry Berthoud (9). Très belle épreuve
sur chine. Rare.

242 Portrait de Ch. Chandelier (17). Très-belle épreuve.
Rare.

243 — Portrait de Mme Feydeau (31). Très-belle épreuve sur
chine. Rare.

244 — Portrait de Gavarni (34). Très-belle épreuve du premier état, avant toute lettre, sur chine.

245 — Raymond La Garrigue (43). Très-belle épreuve. Rare.

246 — Portrait de Mélingue (49). Très-belle épreuve du premier état, sur chine.

247 — Portraits de Henri Monnier (51-52). Trois pièces dont
une double et une avant la lettre.

248 — Mme Pellier (57). Très-belle épreuve. Rare.

249 — Gulnare Mlle Waldor (72). Très-belle épreuve du premier état, sur chine.

250 — François Zemioth (74). Très-belle épreuve. Rare.

251 — Messieurs du feuilleton (81). Sept pièces.

252 — Portraits du prince Napoléon, Decamps, de Belleyme,
Alfred de Musset, quatre pièces. Très-belles épreuves du
deuxième état.

253 — Morceaux de musique (90). Treize pièces, dont quel-
-ques-unes rares.

254 — L'Albanaise (91). Epreuve d'un état non décrit, avant
le nom de de Bertauts.

255 — La Captive (98). — Le Captif (97). — La Feuille et le
Serment (107). — Sans amour (125). Détenus pour dettes
(192). — Le Petit cantonnier (194). — Six pièces. Rares
épreuves de premier état, avant toute lettres.

256 — Les Cellariennes (99). — Une Loge au Théâtre Italien
(176). — Le Portrait de la Prima Dona (2032). — Balayeur
des rues (2073). — Marchand de casseroles (2074), etc.
Sept pièces d'états non décrits. Très rares.

257 — Mélodies de Mme Gavarni (146 à 155). Suite de dix
lithographies. Très-belles épreuves sur chine.

258 — Les Beaux-Arts (222 et 223). Deux pièces.

259 — Leçons et Conseils (741). Cinq pièces. Très-belles
épreuves du premier état, avant toute lettre.

260 — Deux pièces doubles des précédentes. Epreuves avant
la lettre.

261 — Les Lorettes (763). Dix-huit pièces.

262 — Bonsoir, voisine (932). — Le Sommeil est frère de la
Mort (1905). — Le Tour (2042). — Ma femme dessine le
paysage (2107). — Pair ou non (2138). — C'est à ne pas
croire, n'est-ce pas ? (2159). — En vérité ? Oui mon cher
(2160). Sept pièces. Rares.

263 — Les Anglais chez eux (1239 et suivants). Six pièces.
Épreuves sur chine ; du premier état.

264 — Les Anglais chez eux. Six pièces. Épreuves du premier
état, excepté deux.

265 — La Foire aux Amours (1292 à 1301). Suite de dix
pièces dont nous n'avons que six. Très-rares épreuves du
premier état, avant toute lettre.

266 — Histoire de politiquer (1312). Sept pièces. Épreuves
de mise en train.

267 — Les Partageuses (1437). Huit pièces avant toute lettre,
et six épreuves de mise en train. En tout 14 pièces.

268 — Les propós de Thomas Vireloque (1494). Quatre pièces dont deux avant toute lettre et deux épreuves de mise en train.

269 — D'Après nature (1589 à 1628). Suite de quarante pièces.

270 — Album de l'infini (1649 à 1654). Suite de six pièces dont nous n'avons que cinq.

271 — Un attelage de porteur d'eau (1669). — Satan (1671). — La Lanterne magique (1673). — La Cantonnade (1676). — Pensée philosophique (1677). Deux épreuves dont un du premier état. — Piété filiale (1678). — Une famille pauvre (1679). Huit pièces la plupart sur chine et une épreuve de mise en train.

272 — La Boîte aux lettres (1684 et 1692). Deux pièces du premier état, avant toute lettre ; sur chine.

273 — La Boîte aux lettres. Quatorze pièces coloriées excepté deux.

274 — Études d'enfants (1716 à 1725). Suite de douze pièces. Très-belles épreuves du deuxième état. Rare.

275 — Par-ci, par-là (1800). Trois pièces. Très-belles épreuves avant toute lettre, sur chine.

276 — Physionomies parisiennes (1850). 25 pièces. Très-belles épreuves du premier état, avant toute lettre ; sur chine, excepté 8.

277 — Dix pièces doubles de celles indiquées ci-dessus.

278 — Paris au XIXᵉ siècle (1922). Suite de six pièces dont nous n'avons que cinq.

279 — Les Parisiens (1928). Cinq pièces dont deux du premier état, avant toute lettre.

280 — Les petits bonheurs des demoiselles (1966). Cinq pièces.

281 — Scènes de la vie intime (2001). Deux pièces.

282 — Souvenirs de Carnaval (2016). Six pièces.

283 — Les Toquades (2029). — Neuf pièces rares. Très-belles épreuves.

284 — La Croix de Jésus (2066). Épreuve du deuxième état, avec la gorge de la femme découverte.— Lecture de l'*Artiste*. — Une pièce tirée de l'*Artiste*. Épreuve de mise en train. Trois pièces.

285 — Feuille de croquis (2186). Essai de procédé lithographique. Très rare, sur chine.

286 — Costume écossais (2240). Page introducteur (2527). — Petits travestissements (2588 et 2589). Quatre pièces.

287 — Souvenirs du bal Chicard (2272). Sept pièces dont plusieurs coloriées.

288 — Le Père et la Fille (2678).— Le Propriétaire (2700).— Intérieur de ménage (2701). — Embuscade (2702). — Quatre pièces très-rares. Épreuves de mise en train.

289 — Les Lorettes vieillies. Six pièces avant la lettre et trois de mise en train. En tout neuf pièces.

290 — Masques et Visages. 23 pièces avant la lettre ; onze sont sur papier de Chine.

291 — Les Invalides du sentiment. Seize pièces avant la lettre, dont onze sur chine.

292 — Pièces tirées du *Charivari*, des *Artistes contemporains* et de l'*Artiste*. Neuf pièces avant la lettre, dont une de mise en train.

293 — Les Parisiens. — Par-ci, par-là et d'après nature. Onze pièces avant la lettre, la plupart sur chine.

294 — Ce qui se fait dans les meilleures sociétés. — Les Maris me font toujours rire. Trois pièces avant la lettre.

295 — Les Anglais chez eux. Six pièces avant la lettre.

296 — Les Parents terribles. Trois pièces avant la lettre.

297 — Histoire de politiquer. Trois pièces dont deux sur
chine. Épreuves avant la lettre.

297 *bis* — Le Manteau d'Arlequin. Six pièces avant la lettre.

298 — D'après nature. Six pièces. Très-rares épreuves du
premier état, avant toute lettre. Deux sont sur papier de
chine.

299 — Études d'Androgynes. Quatre pièces. Très-rares
épreuves avant toute lettre ; deux sont sur papier de
chine.

300 — OEuvres nouvelles, costumes d'*Humann* et pièces
tirées de journaux. 25 pièces.

301 — Récits historiques à la jeunesse, travestissements gro-
tesques, pièces tirées du *Charivari* et autres. Douze
pièces.

302 — Les Orientales (108). Premier état. Pièces tirées de
l'*Ami des arts* de l'*Artiste* et autres journaux. 8 pièces.

303 — Musée des costumes. Cinq pièces avant la lettre.

304 — Fourberies de femme (662) et autres. Cinq pièces.
Très-belles épreuves avant toute lettre.

305 — Pièces tirées du journal la *Caricature*. Sept pièces.

306 — Costumes d'*Humann* (2229). — L'homme du monde
(2650). Deux pièces très-belles épreuves du premier état.

307 — Les Débardeurs. 38 pièces. Très-belles épreuves.

308 — Pièces tirées du *Journal de France et des gens du
monde*. 8 pièces.

309 — *Journal des gens du monde*, modes. 14 pièces.

310 — Nouveaux travestissements. 8 pièces.

311 — Pièces diverses pour romances et autres. Six pièces.

312 — Physionomies de chanteurs et autres pièces tirées de la
Revue et Gazette musicales. 26 pièces.

313 — *Journal des jeunes personnes*, costumes. Douze pièces.

314 — Album du *Journal des jeunes personnes*. 8 pièces.

315 — Pièces tirées du journal la *Mode*. 18 pièces.

316 — Album dramatique. Onze pièces.

317 — Musée de costumes. 19 pièces.

318 — Promenade. — Prélude. — Les Lorettes. — Marchand de lunettes, etc. Sept pièces rares. Quelques-unes sont avant la lettre.

319 — Pièces tirées du journal l'*Artiste*. 61 feuilles. Très-belles épreuves.

320 — Le *Carrousel*, journal de la cour. Treize pièces dont deux coloriées.

321 — La *Chronique de Paris*, journal politique et littéraire. Sept pièces coloriées.

322 — Pièces tirées du journal de modes, la *Psyché*, de la *Revue des peintres*, etc. Sept pièces.

323 — Henri IV enfant. — Alain Chartos, etc. Cinq pièces.

324 — Les Muses. — Les Petits malheurs du bonheur. Six pièces.

325 — Les Plaisirs champêtres. — Des Phrases. — La Campagne. — Clichy. — Types contemporains. — Fourberies de femmes. — Les Étudiants de Paris. — Fantaisies. — Musiciens comiques, etc. 22 pièces.

326 — Amours — Tête-à-Tête. — Magicienne. Cinq pièces.

327 — Œuvres nouvelles. — Impressions de ménage. 39 pièces en 1 vol. broché.

ESSAIS D'EAU-FORTE

ET DE

PROCÉDÉS NOUVEAUX

328 — Tête d'Androgyne n° 5 des essais d'eau-forte. Très-belle épreuve. Rare.

329 — J'étais bon chasseur autrefois (9). Très-belle épreuve sur chine. Rare.

330 — Buste d'homme d'un âge mur (12). Pièce très-rare sur chine.

331 — Tête d'homme coiffé d'une calotte. Pièce non décrite. Épreuve sur chine,

332 — Tête d'homme chauve. Pièce non décrite. Très-rare.

333 — Paysage gravé à l'eau-forte. Les figures seules sont de Gavarni. Pièce non décrite.

334 — Essai de procédé, gravé en relief sur métal en quatre minutes, en 1855. Pièce non décrite.

335 **Gavarni** (d'après). Vieux mendiant, fac-simile d'après un dessin. — Homme en pied, gravé par Lesage. Deux pièces sur chine.

336 — Costumes tirés du journal la *Mode*. 75 pièces.

337 — Gravures sur bois. 68 feuilles.

338 — Les Toquades, étude de mœurs par Ch. de Bussy et illustrées par Gavarni. 1 vol. broché.

339 — Douze nouveaux travestissements par Gavarni, gravés sur acier par Portier. 1 vol. broché.

340 — Environ 65 pièces gravées sur bois.

341 — Pièces gravées sur bois. 50 pièces.

342 **Géricault.** An Arabian horse. Pièce rare. Très-belle épreuve.

343 — Le Maréchal flamand. — Le Maréchal français. Deux pièces.

344 — Chevaux de ferme. — Cheval mort. — Un Roulier montant une côte dans la neige. Trois pièces.

345 **Gondcourt** (J. de). Croquis d'après Watteau. — Femme assise cousant. Deux pièces, dont une sur chine.

346 **Hubert.** Études d'arbres et de paysages, dessinées d'après nature et lithographiées à deux teintes par Hubert. 60 pièces.

347 — Le Retour de la pêche. — Paysage. Deux pièces.

348 **Jacquemart et Lalaisse.** Fleurs. — Le Guet-apens. Deux pièces. Épreuves avant la lettre.

348 *bis* **Jacques** (Charles). 46 pièces de son œuvre. Très-belles et anciennes épreuves.

349 **Jacques** (L. et Ch.). Paysages, animaux et autres sujets. Onze pièces.

350 — **Johannot, Corot et autres.** Huit pièces gravées à l'eau-forte et sur bois.

351 **Lalanne** (Maxime). Douze croquis à l'eau-forte par Maxime Lalanne. Paris, 1869.

352 — Paysage, environs de Paris. Épreuve avant la lettre, signé du graveur.

353 — Ruines. — Port de Trouville. — Deux pièces du siége de Paris. Quatre pièces avant la lettre.

354 — Le Pigeonnier. — Port de Bordeaux. — Incendie du port de Bordeaux. — Apollon, d'après Claude Lorrain. Quatre pièces dont deux avant la lettre.

354 *bis* **Lemud, Mouilleron et autres**. Titres de romances, paysages, etc. 22 pièces.

355 **Leroy** (Alphonse). Collection de dessins originaux de grands maîtres, gravés en fac-simile par Alphonse Leroy. 29 pièces avec texte.

356 **Leys** (H.). La Publication des édits de Charles-Quint à Anvers. Épreuve sur papier du Japon.

357 — Jeune femme assise, costume du moyen âge, appuyée sur une cheminée. Épreuve avant la lettre sur papier du Japon.

357 *bis* **Marvy**. (L.). Paysages à l'eau-forte. Quinze pièces.

358 **Massaloff**. Portrait de femme d'après Rembrandt. Épreuve avant la lettre.

359 **Meryon** (Ch.). Son portrait, gravé par Flameng. Épreuve avant la lettre, sur papier du Japon.

360 — Vue de San Francisco. Très-belle épreuve.

361 — Le Stryge. Très-belle épreuve.

362 — La Morgue. Épreuve du deuxième état.

363 — La galerie de Notre-Dame. Très-belle épreuve.

364 **Michelin**. Le Soir. Très-belle épreuve avec le bon à tirer et la signature de l'auteur.

365 — Paysage traversé par une rivière. — Le Chêne. Deux pièces. Premières épreuves.

366 — Le Soir. — Paysage avec chaumière. Deux pièces.

367 — Paysages avec Études d'arbres, deux pièces en hauteur. Très-belles épreuves, dont une sur papier du Japon.

368 — Paysages traversés par une rivière. Deux pièces en largeur. Très-belles épreuves avant la lettre, dont une signée du graveur et sur papier du Japon.

369 **Nehlig** et **O. Gonnel**. La Rixe. Épreuve avant la lettre.
— Un Cavalier sous Louis XIII. Deux pièces.

370 **Petit** et **Phlossin**. Les Ruffians à la taverne. — Les
petits Pêcheurs. Quatre pièces sur trois feuilles.

371 **Ribot, Unger** et **Linnig**. Tête d'Écholier. — Le
Banquet des arquebusiers de Saint-Georges, d'après
F. Hals. — Marine. Trois pièces avant la lettre.

372 **Rochebrunne.** Cheminée de l'atelier de Terre-Neuve.
Très-belle épreuve.

373 **Rosier** et **Martial.** Paysage. — Rendez-vous de chasse,
d'après Gonzalès Coques. Deux pièces avant la lettre.

374 **Roybet** (F.). Les Bohémiens. Épreuve avec le bon à
tirer et la signature du maître.

375 **Saint-Marcel.** Études de Lions. Deux pièces à l'eau-
forte.

376 **Scheffer** (A.). Marguerite à l'église. Petite pièce gravée
à l'eau-forte.

377 **Seymour-Haden.** Vue de Chelsea. Épreuve avant la
lettre.

378 **Soumy.** Portrait de François Ier, d'après Titien. Très-
belle épreuve sur chine.

379 **Taiée.** Portrait de Coquelin dans le *Lion amoureux.*
Épreuve avant la lettre. — Portrait d'homme et Paysage,
par Saint-Étienne. Trois pièces.

380 **Taiée, Brissot, Moreau** et **Pellement.** Paysages
et sujets divers. Dix pièces.

381 **Veyrassat** (J.). Eaux-fortes. Dix pièces. La première
est signée du maître.

382 Le Paysagiste aux champs. Dix eaux-fortes par Corot,
Daubigny et autres.

383 Souvenirs artistiques du siége de Paris, par Lalanne.
— Paris pendant le siége, par Martial. — Paris sous la
Commune, par Martial. — Paris incendié, par Martial.
— Les Marins de la défense de Paris, par Martial. — Les
Femmes de Paris pendant le siége, par Martial. — Paris
et ses avant-postes pendant le siége, par Desbrosses. —
Saint-Cloud brûlé, par F. Pierdon. — Autour de Paris
après la guerre, par Yon. — Les Prussiens chez nous, par
Martial. — Les Francs-tireurs de Colmar, par de Boret.
Onze cahiers contenant cent trente-neuf eaux-fortes.

384 L'Illustration nouvelle, par une société de peintres-gra-
veurs à l'eau-forte. Suite de deux cent soixante-dix-huit
eaux-fortes, publiées depuis le 1er avril 1868, et dont la
publication se continue, suite complète à ce jour, fin
février 1875.

385 Sous ce numéro il sera vendu, par lots, un grand nombre
d'Estampes de toutes les écoles, cataloguées; Lithogra-
phiés par Charlet, Raffet, Gavarni et autres; Albums, etc.